Fiori di Primavera

Poesie inedite di una ricerca spirituale

CETTA SCHIAVA

"Questo libro è un dono che ti faccio con il cuore.

È il frutto del mio sogno che ora diventa arte.
In queste pagine troverai le mie parole e le mie emozioni che
ho scritto per te e per me, con passione e dedizione.
Questo libro è un viaggio che ti invito a fare con me.
È un ponte tra due mondi che si incontrano nella poesia."

CONTENUTI

RINGRAZIAMENTI

Un grazie speciale va a te, cara zia "Cettina", che ci hai lasciato queste poesie come testimonianza del tuo essere una persona sensibile e meravigliosa. Ci hai donato pensieri, attimi e sensazioni che in pochi riescono a provare in tutta la loro vita terrena; li hai immortalati su carta e noi, la tua famiglia, abbiamo l'onore di condividere la tua creazione con il mondo intero.

INTRODUZIONE

A cura di Maria Vincenza Schiava

"Questa raccolta di poesie è stata scritta dalla mia adorata sorella gemella "Cettina".

Come la sua raccolta, anche lei era un fiore che emanava profumo d'innocenza e d'infinità bontà.

Cettina nacque il 23 maggio del 1959 a Taurianova (Reggio Calabria). La sua infanzia fu bella nonostante le difficoltà incontrate, soprattutto durante l'adolescenza quando divenne scherno dell'ignoranza e della cattiveria delle ragazze del rione. Nacque infatti in buona salute ma, a sei mesi, fu colpita dalla poliomielite; da bambina ad adolescente subì tre interventi chirurgici che le permisero di migliorare le sue condizioni fisiche, facendosi esempio per tutti di forza e di umanità rare.

Mia sorella ebbe la fortuna di avere attorno a sé una famiglia unita e degli amici che le volevano un bene dell'anima ma, verso i 35 anni, le venne diagnosticata una schizofrenia con tendenze suicide.

Visse comunque felice per molti anni con suo marito Gianni, finché una morte improvvisa glielo portò via. Ciò la rese più fragile e vulnerabile, sino a che, una sera di novembre del 2018, dopo essere stata al mattino in chiesa (luogo che non frequentava da tempo) e aver preso la comunione, pose fine alla sua vita; quella stessa sera io, a casa di una mia amica, mi sentii all'improvviso inondata da una tristezza infinita.

L'indomani mattina, nostra sorella Lina mi chiamò e mi disse che Cettina non c'era più. Rimasi impietrita per un lasso di tempo che mi sembrò infinito. Il mio dolore era immenso, ma quello che mi colpiva più forte al cuore era la consapevolezza del suo mal di vivere.

A Cettina con infinito amore

UN NUOVO GIORNO

Il mattino risplende di nuovi colori,

alle soglie del mondo,

maestoso s'innalza il sole.

I suoi raggi dorati

risplendono

su tutte le meraviglie del creato.

La natura rigogliosa

lentamente or si ridesta

dall'oscurità della notte.

POETA

Guardavi

con gli occhi della gente

e nel silenzio

percepivi

i pensieri del mondo.

Chiuso

dentro uno spazio infinito

scrivevi

su bianchi fogli.

Con le lacrime e i sorrisi poi

decantavi l'amore

nel silenzio delle tue mura.

IL MIO ANGELO CUSTODE

Nei suoi occhi così vivi

io vidi il mio dolore,

e in un sol momento

del mio fardello

mi liberai.

Di nuovo lo guardai

e in cuor mio

il cielo ringraziai,

perché lui senza parlare

mi aveva detto

tante cose,

così semplicemente

con un grande

meraviglioso sorriso.

MONDO INDIFFERENTE

Sento nell'aria

il vago profumo

di un esile fiore

che tristemente

ora è appassito.

E là su selciato

indifferentemente

viene calpestato.

La gente cammina,

ed ora trascina

la propria vita

come fosse un fardello,

che più non sa portare.

Ma il sole splende

alto su nel cielo,

e l'azzurro infinito

apre le porte

a quel mondo meraviglioso,

che nel nulla

sembrava svanito.

IL PICCOLO CERBIATTO

Nel bosco va saltellando

un piccolo cerbiatto.

Il sole riflette

la sua luce tra gli alberi.

Al suo passar

fremono le foglie.

Felici

cinguettano gli uccelli.

Un cervo rincorre

quel piccolo cerbiatto;

nel bosco festoso danzano felici,

ignari della cattiveria dell'uomo.

Ora intorno

tutto tace,

e il grande cervo

non si dà pace.

Corre veloce,

innalza al cielo il suo dolore:

il piccolo cerbiatto

in silenzio muore.

SENZA MAI ALZARSI IN VOLO

Guardo gli altri

e poso lo sguardo

per rubare una carezza,

ma non per me.

Nella mente vola

un istante

dolce momento,

fantasia o rimpianto?

Chiudo gli occhi

e faccio mia

tutta la notte.

Vedo riflessa

nello specchio della mia fantasia

una capinera, che vola via.

In ginocchio c'è qualcuno

che non osa

alzare gli occhi al cielo.

In ginocchio c'è qualcuno

che non osa pregare

e che mai potrà volare.

SEGUENDO L'IMPOSSIBILE

Povero uomo

tu che eri così grande

allor che un semplice sorriso

sapevi regalare,

guardati adesso

che il tempo non ti dà pace.

Che azzurro meraviglioso

hai ucciso!

E adesso sotto questo cielo

così tristemente grigio

invano cerchi un sorriso

invano tendi le mani.

Ora non ci sono più

assurde mete da rincorrere,

ora tutto si è placato,

e la tua folle corsa è finita.

UN DOLCE MOMENTO

Ritornano le dolci speranze,

si rinnovano le antiche promesse.

Ora che il mio cuore

è colmo di gioia,

e i miei occhi possono accarezzare

quel lieve bagliore

che pian piano

diventa luce,

nulla è più dolce

nulla è più vero

dell'attimo

che ora io vivo.

COLEI CHE NON POTEVA AMARE

Povera lacrima,

che sgorgar più non puoi,

prigioniera ora sei degli egoismi miei.

Ricordi quando un dì

le amare parole pronunciai?

Mai più dal mio viso scenderai.

Mai più soffrirò,

perché l'amor che gelosamente custodivo

ora non è più vivo.

AMORE NELLA SOFFERENZA

Guarda, quanto amore

c'è attorno a noi!

Tu non puoi vederlo

se non sai accettarlo.

Questo amore che nasce

dal dolore, questo amore

che indietro nulla vuole,

nasce solo per dare.

Se guardi in fondo al tuo cuore

e alzi gli occhi al cielo,

ti accorgerai

di non essere più solo.

LE TUE PAROLE

Come l'onda

s'infrange sugli scogli,

così si perde

in fondo all'anima

l'eco delle tue parole.

Domani

è un altro giorno

domani forse

la vita sarà meno amara,

e come un raggio di sole

saranno per me le tue parole.

UN' OASI DI PACE

Guardo verso l'orizzonte,

l'azzurro mare si confonde

nell'immensità del cielo.

Ci sarà

in qualche angolo sperduto

un'oasi di pace;

dove in silenzio

io possa contemplare

il sorgere de sole;

inchinarmi

davanti a tanta bellezza,

e ritrovare l'antica tenerezza.

UNO SCRIGNO D'AMORE

Un bimbo che nasce

chiede solo amore.

Quel fiore appassito nell'aria

il suo profumo ha lasciato.

L'uomo è

come uno scrigno segreto,

dove l'amore

è il più grande tesoro,

che in silenzio

si possa contemplare

e con infinito amore

custodire.

L'ETERNITA' DENTRO DI NOI

Per un attimo

mi soffermo felice,

ma è solo un attimo

che pian piano sfugge.

Guarda i tuoi occhi anima mia,

quanto amore e dolore

in silenzio mi svelano,

e poi che tormento mi assale.

Il nostro mondo eterno

danza intorno a noi,

e se pur fermarlo tu non puoi

l'eternità è dentro di noi.

PRIGIONIERO SENZA TEMPO

Non posso regalarti

il mio sorriso, perché

è solo una maschera

sul mio viso.

Non posso darti

le mie mani, perché

son piene di vento.

Posso solo donarti

questa lacrima muta

che non si è mai disciolta

nel pianto.

E tu prigioniero

senza tempo;

in silenzio varcavi

i confini

del mio mondo.

Aprivi porte antiche

e donavi sogni mai vissuti.

Troppo forti eran

le tue catene,

troppo tristi eran

i miei muti pianti.

Ed ora solo vaghi prigioniero

del tuo tempo.

LE PORTE DELLA VITA

Se ne stava lì,

nel suo angolo proibito,

guardava quel mondo sconosciuto

e ancora una volta

sentiva le porte rischiudersi,

sul suo viso disperato.

Fra le gelide mani

miseramente stringeva

quel suo fragile sogno.

D'improvviso

una luce la notte squarciò,

e su quegli occhi spenti

dolcemente si posò.

Le sue mani a giorno illuminò

e lungo il sentiero dei giorni vissuti,

la luce si fece più intensa.

E nel cuore desolato

risorgeva la speranza.

Come una piccola candida fiammella

si accendeva,

e dopo quel lungo desolato cammino,

d'innanzi a lei le porte si aprivano.

FRAMMENTI

Echi lontani

di gaie risate

or che alla mente ritornate,

quale gran gioia

io posso contemplare,

quale gran desiderio

può scaturire.

Or che apparite così vere

io tendo le braccia,

perché il mio mondo perduto

io possa sentire

di nuovo vivo.

Ma con gli occhi,

tristemente appannati,

vi osservo da lontano

mentre tristemente

l'ultimo frammento

sento svanire,

e il mio grido

che non ha più fiato

per farsi sentire

lentamente

muore!

UNA MANO PROTESA

Camminavo ciecamente,

ciecamente percorrevo

una strada che non portava

in nessun posto,

se non nella disperazione più nera.

Sentivo l'assurdità, di tutto questo,

penetrarmi fin dentro le ossa.

Ora lottavo con tutta me stessa

e le lacrime amare sentivo ridiscendere,

fino in fondo all'anima.

Un brivido percorse la mia schiena

e in quel momento la vita

riprese a scorrere nelle mie vene.

Ma la dolcezza del tuo sguardo

su di me sentivo.

L'amaro pianto soffocavo;

non più contro il cielo imprecavo,

ma su di me

che afferrar quella mano

non sapevo.

SE SOLO POTESSI

Ora come un antico mendicante,

vago lungo le vie de tempo.

E con gli occhi umidi di pianto

contemplo quel dolce sorriso,

che risplendere più non può.

Se solo potessi!

mi strapperei il mio cuore dal petto

pur di donarle un po' di conforto.

Se solo non sentissi più le amarezze,

penetrarmi fino in fondo all'anima!

allora dolcemente le mie mani schiuderei

e lungo la soglia del tempo

le sue grandi incertezze là seppellirei.

MANI

Mani innocenti

protese verso la vita,

mani che danno calore.

Mani che in silenzio

si cercano, fremono e

nel nulla si dissolvono.

Misere mani

che più non si solleveranno.

Quali volti potranno accarezzare?

Quale gioia potran

dare, se dal tempo si

son lasciate appassire?

Queste mani

prima così immense,

ed ora così povere

eppur d'amore sono

ancora piene.

Invano cercano

un ultimo istante in cui vibrare,

invano cercano un sorriso.

Poi di colpo cadono al suolo.

RITORNO ALLA LUCE

Su quelle labbra inaridite,

ora dolcemente scendeva

una lacrima lieve.

Portava con sé gioia

e dolore.

Parlava di antichi affanni,

mentre innanzi agli occhi stupiti

scorrevano gli anni.

Una candida fanciulla

riaffiorava alla mente

su verdi prati,

oltre l'azzurro confine.

navigavano i pensieri,

36

mentre dolcemente un raggio di sole

apriva le porte del cuore.

ORA CHE HO UN AMICO

Come è colmo di gioia

il mio cuore, ora che

in silenzio c'è qualcuno

che mi sa ascoltare.

Via le nubi dal mio mondo,

via le incertezze.

Ora il sole splende

nella mia vita.

Quanta fatica, quanto dolore,

quanta nebbia offuscava la mia mente,

ero smarrita

mi sentivo perduta,

ma poi, finalmente

la sua mano si è tesa.

E come per incanto

ho ritrovato un amico.

ATTIMI

Un volo di gabbiani

un attimo senza fine,

"Attimi" brevi momenti,

che racchiudono

i segreti della vita.

Basta un attimo

per distruggere quel

che prima con amore

si era costruito,

basta un attimo per

ritrovarsi e

in quell' attimo

perdersi.

GLI ANNI CHE PASSANO

Gli anni che passano si portano via

frammenti di vita

che mai più torneranno.

Tasselli piccoli di mosaico

son essi,

in disordine lasciati,

nulla vi capirai

ma se fra loro

intimamente li unirai,

la vita intera rivedrai.

SORGENTE DI VITA

Come acqua di pura sorgente

dalle sue labbra

il sorriso più puro nasceva.

Nell'aria si diffondeva,

gli animi sofferenti placava,

ed essi che in cuor

la speranza nutrivano

alla sorgente della fede

si apprestavano.

CAMMINANDO

Lenti son ora

i passi miei,

percorro antiche vie

pensieri che

scorrono come fiumi

fra le incertezze

del domani.

Ora ritorno

sui miei passi e, mentre

cammino fra le alte cime

si rischiara il mattino.

VENTO DI PRIMAVERA

Vento di primavera,

che dolcemente ti libri

d'intorno,

soffermati un attimo

sul mio viso appassito.

Riporta

a questa mente sopita

il dolce profumo

della vita.

UN MONDO D'AMORE

Lascia aperta la tua porta,

apri il tuo cuore,

e al mondo intero

dona il tuo amore.

Amare il cielo, gli alberi e il sole.

Sentire la natura dentro di te cantare.

E giorno dopo giorno

impari ad amare.

Amare chi non sa amare,

è il più grande dono d'amore,

perché l'amore c'è

anche dove non traspare.

Ho lasciato aperta la mia porta,

ho aperto il mio cuore,

e al mondo intero ho donato il mio amore.

SE UN GIORNO

Se un giorno

non avessi più la forza

di lottare,

e se nel mio letto,

non sentissi più il dolce battito

del mio cuore,

invano tenterei

di schiudere gli occhi miei.

Perché quel giorno,

nel mio letto nulla ci sarebbe,

nessuna donna vi riposerebbe,

ma solo un immenso e misero cumulo

di povere ossa.

IN CERCA DI PACE

L'universo è immenso.

Immenso è l'amore,

chiuso in quest' umile petto.

La notte sento

il mio cuore che batte

e fra mille sospiri,

la mente si perde d'"intorno.

Ora vaga nell'immensità

cercando la pace infinita.

AMICIZIA

C'è qualcosa di grande

di infinitamente grande

in quella piccola parola:

amicizia

C'è la certezza

di trovare aperta quella porta.

Quando la vita

ti lascia a metà strada

tu ti aggrappi

a quell' ultima speranza.

Cerchi l'amico più caro

e a lui apri il tuo cuore

perché sai che lui

lo ricolmerà d'amore.

QUANDO ME NE ANDRO'

Quando me ne andrò

i loro volti non scorderò;

uno ad uno con me li porterò

e in fondo al cuore li custodirò.

Prima di andare

ancora un attimo li voglio guardare,

e le labbra che non san parlare,

perché di tristezza è colmo il cuore,

in un atto d'amore

un sorriso san donare

e il presente al futuro saper legare.

L'AZZURRO TURCHINO

Dammi la mano ti porto

lontano, dove? Dove il cielo

è azzurro turchino

e soave nasce il mattino.

Stammi vicino, sorreggimi nel mio cammino

se stanche son le gambe mie, percorri tu

per me le lunghe vie.

Le membra stanche

riposar si vogliono

dammi tu un dolce risveglio.

Dormire, sognare, gioire, volare

lontano,

lontano dalla tristezza

cercare una carezza,

guardare gli occhi di un bambino,

in essi si rispecchia il mattino.

Un dì quando il tempo sarà passato

quel bimbo sarà invecchiato.

La vita il suo candore avrà oscurato,

ma nei suoi occhi leggerai

il suo passato.

Avrà riso, pianto ed amato

e quando al cielo

l'ultimo respiro si sarà innalzato

l'azzurro turchino avrà ritrovato.

PRELUDIO

Quante volte

non ho visto quel muro

che sempre di più si ergeva,

e con oscura ostilità,

sempre più in alto s'innalzava.

Il mio cielo meraviglioso,

l'azzurro infinito adombrava

perché assurdamente

con gli occhi chiusi camminavo

il mio cuore

di un sole tiepido ricolmavo.

Invano cercavo

un dolce tepore

ma quando le sue braccia

come teneri boccioli si schiusero,

e le sue mani

dolcemente avvolsero il mio

piccolo viso.

Allora qualcosa di meraviglioso,

dentro di me era accaduto.

Come se un raggio luminoso

fosse ridisceso

fino in fondo all'anima mia.

Antiche paure morivano

mentre dolcemente mi perdevo

e nell'immenso calor delle sue mani

mi ritrovavo.

Ora da lontano intravedevo

uno spiraglio di luce,

e quando infine quel muro

pian piano si sgretolò,

il suo dolce sorriso

teneramente mi accarezzò.

LA VALLE DEGLI AMORI FELICI

Ti ho ritrovato, amore mio,

dopo tante lacrime versate.

È sbocciato un fiore, un fiore raro

che porta il tuo nome;

un fiore che ogni mattino

sarà innaffiato con un sorriso.

È finito il tempo delle amarezze,

quando il nostro amore

si nutriva d'incertezze.

È finito il tempo delle assurde paure

e ora vivo di una felice certezza.

Questo fiore sbocciato dal nostro amore

non è più un errore,

un'esperienza da dimenticare,

non è un'assurda illusione,

e il tuo limpido sorriso

è come un sole meraviglioso,

che scalda e dà vita

alla valle degli amori felici.

Dedicata a Paolo

DIETRO LE COLLINE

Dietro le colline

tramonta il sole,

una donna, cammina tutta sola.

Una capinera

ritorna al suo nido.

Lieti cinguettano,

i suoi piccoli.

La donna, volge

lo sguardo al cielo,

vede la capinera,

e pensa a quando

c'era chi l'attendeva.

Ritornano alla mente,

le gaie risate,

echi lontani,

di un'estate che

sembrava

non finire mai.

Ora son tristi le sue giornate,

or non c'è più chi l'attende

ed il sole, per lei più non splende.

www.ingramcontent.com/pod-product-compliance
Lightning Source LLC
Chambersburg PA
CBHW031131160726
47989CB00017B/2878